世界変境紀行

~CRAZY WORLD REPORT~

フリオ・アシタカ

photo & text by Julio Ashitaka

彩図社

はじめに

旅に出る前は、いつも期待と不安が入り混じった独特の心境になる。

これからどんな新しいものに出会えるのだろうかという期待。そして、これからどんな危険な目に遭うのだろうかという不安……。

とくに情報の少ない国の場合、わからないことが多すぎて、勝手にネガティブな印象を抱いてしまう。最悪な想定ばかりして、恐怖を覚えることもある。

だが、そこで踏みとどまっていては、世界は開けない。恐怖を打ち払い、異なる風土、異なる文化の中に一歩踏み出せば、そこには想像を超えた奇想天外な光景が広がっている。

私は世界の様々な場所を訪れて、自分の琴線に触れた人物や風景の写真を撮ってきた。訪れた国は約40か国にもなり、旅した時間は累計で約3年にもなる。

本書はそんな私が訪れた中で、特別な感慨を与えてくれた場所――本書ではあえてそれらの場所を〝変境〟と名付けた――を紹介するもの

である。

第1章では、アメリカの壮大な景色に惹かれ、西から東へロードトリップしたときの光景を紹介する。

第2章では現代でもシャーマニズムが色濃く残る中南米の街や村を訪問。第3章は大型ハリケーンの上陸によって、日常から非日常になったキューバの首都ハバナの様子を。第4、5章は南米の鉱山街の周辺と、鉱山内部で働く人々を写した。

第6章ではソビエト連邦時代の廃墟がそびえ立つ街を歩き、第7章ではチェルノブイリ原子力発電所付近にあるプリピャチを訪ねた。第8章はネパールの祝祭ダサインの一部始終を目の当たりにし、後にネパールとインドの国境付近で開催された世界最大の生贄祭りに参加。第9章ではパンデミック前日のインド・ホーリー祭りから、新型コロナウイルスの蔓延によって鎖国になったインドの首都デリーで暮らす人々の様子を写した。

地球のどこかに広がっている〝変境〟――。はたして、レンズが捉えた世界には、どんな光景が映し出されているのだろう。

世界変境紀行　目次

アメリカ中西部のネブラスカ州にあるカーヘンジ。38台の自動車からなる。
あるアメリカ人男性が亡くなった父の追悼のために1987年に建てたとされる。

ロードトリップという言葉の意味を調べると、プライベートやビジネスに関わらず、長い道のりを車やバイクで移動すると辞書に書いてある。アメリカは世界で3番目に国土が広く、アメリカ西部から東部までの最長ルートは約5676キロである。本土の時差は四つに分かれており、東へ向かえば一時間進み、西へ向かえば一時間戻る。

果てしなく続くまっすぐな道を走っていると、一つの疑問が浮かんでくる。「人はなぜロードトリップをするのだろうか?」アメリカではロードトリップにまつわる映画や音楽、そして文学などが多数発表されているが、作品の数に比例するように人々がロードトリップをする理由は様々だ。ロードトリップに関する物語は無数にあるが、その中でもビートニク文学を代表する作者ジャック・ケルアックの「路上」は1957年に上梓され、現在でも読み継がれている古典である。ニューヨークからサンフランシスコへ向かう道中記であり、長い道のりの中で出会いと別れを繰り返しながら旅は進んで行く。

多くのロードトリップは旅の過程で出会った人たちについての話が多いが、私は人ではなく「ある景色」に魅了されて西から東へと車を走らせた。

現在は街からめっきりと姿を消してしまった古い車が佇む風景。現役を引退して役目を終えた旧車たちは、アメリカの辺境でオブジェクトとして飾られている。

第一章
アメリカ横断
ROAD TRIP

ELCOME
JESUS
YOU
LOVE
LOVE YOU ALSO
ACTS 2-38
ALVATION
BIBLE
LOVE
NILAND
UNTAIN

カリフォルニア州ニランドにある「Slab City（スラブシティ）」。
その一角にあるサルベーションマウンテン。

サルベーション・マウンテンは、レナード・ナイトという人物が約30年もの歳月をかけて制作した「神の愛」を表現した作品である。サルベーション・マウンテンの中心部には、「GOD IS LOVE」と描かれており、車やトレーラーハウスにも、神への愛を表現した言葉が散りばめられている。

「International Car Forest」と呼ばれるこの場所は、ネバダ州の荒野の住民によって作られた。入口付近には看板が立っており、「World's Largest National Junk Car Forest（世界で最も大きな廃車の森）」と記してある。荒野に車や大型バスを突き刺すことで、自動車を木に見立てている。

「International Car Forest」には、およそ40台以上の車が集結していた。全ての車体にはグラフィティーが描かれており、絵やメッセージなど多彩な表現を見ることができる。

SO DO I

アメリカ南東部に位置するジョージア州には、「Old Car City」という廃車置き場がある。森の中には、4000台を超えるアメリカ製のクラシックカーが、まるで眠りについているように佇んでいる。古いものだと今では滅多に目にすることのない、80年前に製造された車まで置いてある。森の中を歩き周り多種多彩な車を眺めていると、まるでジャングルのなかにあるアメ車博物館に迷い込んだかのようだった。

アメリカを横断する車の旅では、色とりどりの景色を目にしてきた。

38台ものアメ車をストーンヘンジに見立てて組み上げたカーヘンジ。「International Car Forest」は、荒野に車を突き刺すことで車を木に擬するアイデアが奇抜だった。「サルベーション・マウンテン」に停められた車やトレーラー・ハウスは、車体にメッセージを書き込むことでインスタレーションの役割を担っていた。そして「Old Car City」では、博物館さながらの豊富な種類のアメ車が収集されている。

不要になった自動車はスクラップされるのが一般的だが、アメリカの変境の地では「別の使い道」で活用されている。そうした幅の広さは、超がつくほどの車社会であるアメリカならではのものだろう。

SCHOOL BU

第二章
シャーマニズムの聖地へ

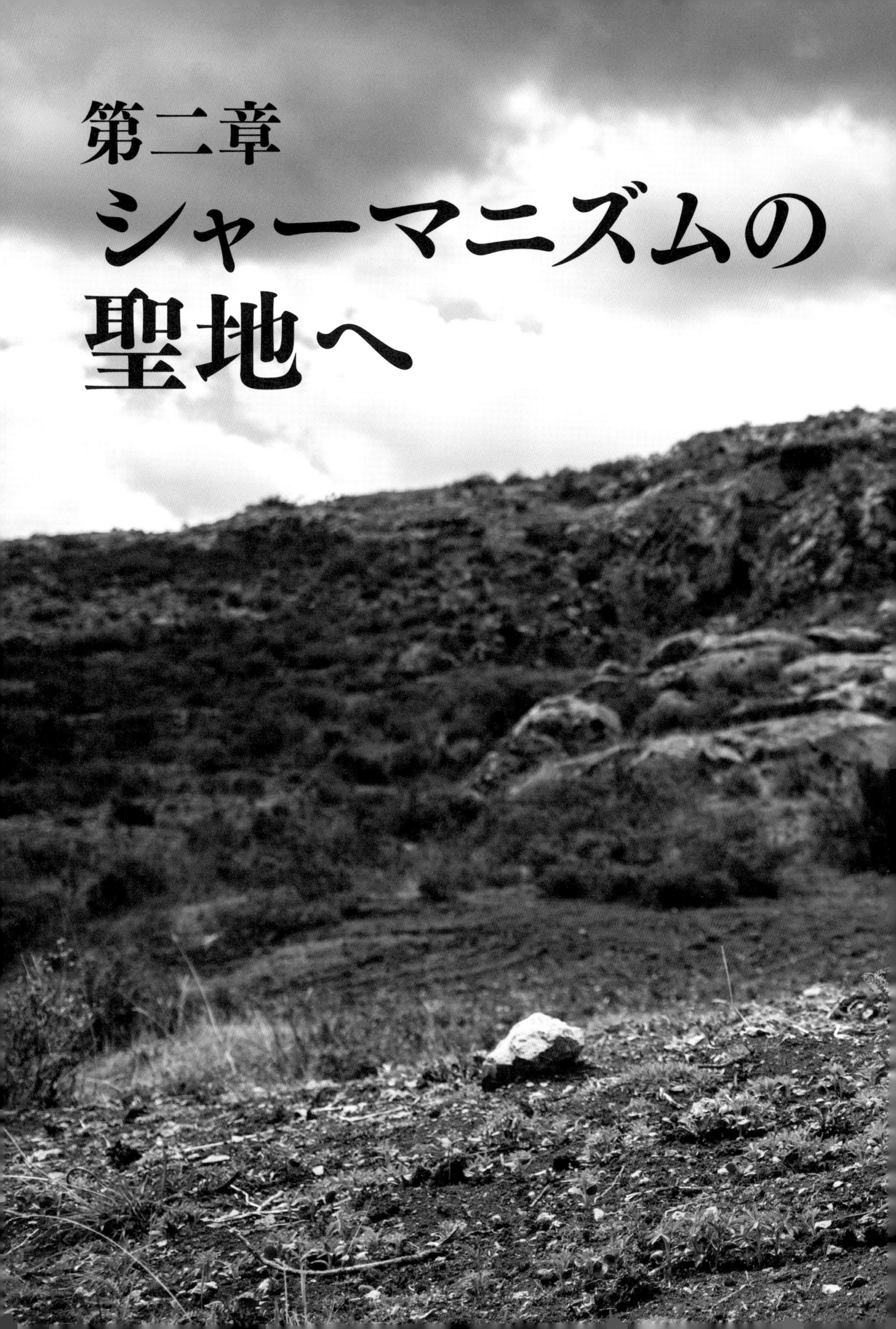

メキシコ南部のオアハカ州のウアウトラの町。幻覚植物を求める旅はここからスタートした。

「幻覚植物」。

日本だと誤解を招きやすい言葉だが、中南米では幻覚植物を使用した儀式が古くから行われてきた。現代でも、中南米にはシャーマニズムの文化が根ざした土地が点在しており、儀式を求めて様々な国から訪問者が集まってくる。私はシャーマンが手がける儀式の噂を耳にして以来、いつの日か中南米を旅することを夢見ていた。「知りたい」という好奇心は、未知の世界に飛び込んで行く強い動機になる。そうした経緯もあり2016年から翌年にかけ、メキシコ中部のオアハカ、ペルーのジャングルやクスコ、ボリビアなどの中南米を旅することになった。

サイケデリック体験を通して見た世界は、衝撃の連続だった。儀式の中で私はそれまで意識したこともなかった内なるビジョンを垣間見た。己の内面世界を嗅ぎ取ることで、精神と肉体が浄化されていくのを感じた。

異国の地で、古来続く伝統的な儀式を受ける。その体験は、せわしない日常から自分を切り離し、静寂の中に置き換える極上のひと時だった。少なくない被験者が語る〝人生観を揺さぶる〟ほどの体験こそなかったが、私にとっては先入観や固定観念、そして偏見を捨て去り、〝ありのままの世界を見る〟きっかけになった、大いなる旅となった。

シャーマンのもとを訪ねてから数年が経った頃に、ある出来事がきっかけでサイケデリック体験を振り返ることになった。

その出来事とは、2020年の新型コロナウイルスのパンデミックである。人間は未知なる困難に巻き込まれた時に、「何か」

ウアウトラでセレモニーを体験したシャーマンの家。奥に重ねてある白いイスに座って儀式を受けた。

にすがりたくなる。日本では、新型コロナウイルスが蔓延すると疫病退散の願いを込めて、多くの参拝者が神社を訪れ、コロナの収束を祈った。「茅の輪」など古くから続く罪や穢れを祓い清める儀式に参加する人も例年よりも多かったという。

2020年から2021年にかけてインドに滞在していた。ヒンドゥー教の文化が根強いインドでも、コロナ対策としてガンジス川で沐浴する人々がいた。また、感染が拡大する中、コロナから身を守るとの大義名分で盛大にクンブメーラ祭りが行われもした。儀式的なものに救いを求めるのは日本もインドも変わらないのだ。

世界を巻き込む一大騒動が巻き起こると、過去に旅した国の状況が知りたくなる。ロックダウン中のインドを離れることができなかったため、インターネットを通してコロナ下のシャーマンたちの動向を追った。現地の報道によると、コロナウイルスが蔓延するアマゾンのジャングルでは、ウイルスから身を守るためにアヤワスカを使用した儀式が頻繁に行われていたという。シャーマンの行う幻覚植物を用いた儀式は、本来、身を清めるために行われてきた。西洋医学的な効果はともかく、アマゾンの人々はアヤワスカに救いを求めたのだろう。

幻覚植物は、日本ではドラッグに近い意味で使われることが多い。しかし、シャーマニズムの世界では、けっして快楽のために摂取されるものではない。

世界には、その地域に根差した多種多彩な文化がある。

信仰する対象や儀式の形式こそ異なるが、中南米の各地では、幻覚植物を用いた儀式が現在でも様々な形で続いている。

（上）ナタリアが用意してくれたマジックマッシュルーム。食べやすいように煮物のように甘く味付けされていた。
（下）生のキノコも見せてもらう。キノコは儀式に使う分だけ、ナタリア自身が取りに行くという。

ウアウトラのシャーマン、ナタリア。とても優しい性格で、儀式の途中、気分が悪くなると背中を撫でてくれた。

ペルーでアヤワスカの儀式を受けるために、アマゾン川を進む。

（右）アヤワスカを煮詰めるシャーマン。アヤワスカは煮詰めれば煮詰めるほどよいらしい。

(上) 煮詰め終わったアヤワスカ。バニステリオプシス・カーピという植物の蔓を使う。
(下) ビンに入ったアヤワスカと儀式で使うタバコと扇子。手前のグラスに注いで飲む。

アヤワスカの儀式の様子。飲み終わると、電気を消して真っ暗にする。
シャーマンの歌が響く中、儀式は２時間ほど続く。

アンデス山脈にあるインカ道から見たクスコの街並み。インカ道はインカ帝国の時代に造られた道で、
現在では観光地化し、トレッキングのルートになっている。

（上）クスコ市内のシャーマンショップ。市内には同様の店が何軒もあるのを見かけた。
（下）クスコの中心地にある市場。サンペドロやアヤワスカなどシャーマンの儀式に使う品々が売られている。

（上）幻覚サボテン・サンペドロの粉末を水に溶かすシャーマン。サンペドロの味はとてつもなく苦かった。
（下）シャーマンは儀式だけでなく、占いや人生相談も行う。写真はコカの葉を使った占い。よく当たると評判だった。

第三章 ハリケーンのキューバ

ハリケーン直後のキューバの首都ハバナのマレコン通り。
普段は多くの人や車で賑わっているが、この日は通行止めされていた。

通りを歩くと、瓦礫の山に行き当たった。建物はハリケーン以前から倒壊していたという。

キューバの首都ハバナの路地を歩いていると、街のざわめきが耳につく。

どこかの家から流れてくる大音量のラテンミュージック。

住民たちの話し声や笑い声。

そして1950年代や60年代のクラシックカーがマフラーから鼠色の煙を撒き散らし、図太い音を奏でながら路地を颯爽と駆け抜けていく。

カリブ海に面したマレコン通りを歩いていると、波が岸辺を打つ音が聞こえてきた。

夜になれば涼をとるために、岸辺の防波堤に腰をかけ、海を背にして雑談している地元民が目につく。

私も彼らに交じって防波堤に座り、路地で購入した葉巻に火をつけた。路上演奏者の奏でる音色や、大きな笑い声が辺りから聞こえてくる。

「さて、これから何をしようか」と吐き出した煙をぼんやりと眺めていると、目をキラキラさせたキューバ人がやってきて、こんな調子で観光客相手に英語で話を切りだす。

「おいチーナ（中国人の意味）！　あんた何しにハバナにきたんだ？」

「チーナ、ハバナの印象はどうだ？」

「チーナ、これから一緒に飲みに行かないか？　もちろん、あんたの奢りでだ」

マレコン通りはいつ来ても賑やかで、退屈しない街だと笑みがこぼれる。

2017年9月10日。その日は突然やってきた。

ハリケーン直後のハバナの市街。道路に崩れた外壁が散乱している。

ハバナに到着して数日後に、民宿の亭主が慌てふためきながら声をかけてきた。
「明日、ハバナにイルマが上陸するぞ！」
「イルマ？」
「とても大きなハリケーンだ！」
ハリケーン・イルマは２０１７年8月に発生した超巨大ハリケーンで、発生以来、進路上にあるカリブの国々に甚大な被害を与えてきた。そのイルマがキューバに上陸するというのだ。
その夜は騒がしくて、寝付くことができなかった。
表では「ガラガラガラ」という何かが落下した音や、物が吹き飛んでいる騒音が絶えず聞こえる。私が滞在していた民宿はコロニアル様式の重厚感のある建造物だったが、暴風によってコンクリート製の建物が左右に大きく揺れ動いた。
「とんでもない時期にキューバに来てしまった」
私は不安のなか、眠れぬ夜を過ごした。
夜が明けて朝を迎えると、昨晩の騒ぎが嘘のように表は静まり返っていた。暴風雨はすっかり止んでいるようだった。
カメラを持ち、民宿を飛び出した。
民宿の周りには瓦礫が散乱していた。通りの家々も暴風雨によってボロボロに傷んでいる。ハリケーン・イルマの狂暴さを物語っているようだった。
私はシャッターを切りながら、海の方に向かって歩き出した。
しばらく進むと、路地の奥に人だかりができているのが見えた。人混みをかき分けて前へ前へ進んでいくと、そこには、目を疑うような光景が広がっていた。

海の近くに行くと、街が冠水していた。人々は生活用品や貴重品、あるいは業務用の冷凍庫などを家々から運び出していた。

UB78

adidas
adidas
adidas

自宅に水が入らないように、入口に土嚢を置いている。中央の壁面の棚にある白いパックは現地のお酒。
こういう状況でもお酒を飲めるということに驚かされた。

通りを歩いていたら、ハリケーン直後にもかかわらず、即興演奏をしている賑やかな一団に遭遇した。みるみる間に人がどんどん集まってきて、笑顔で盛り上がっていた。

現地の報道では、イルマはハリケーンの分類中最大のカテゴリー5に属する超大型ハリケーンで、そのクラスのハリケーンがキューバを直撃したのは1924年以来で、実に93年ぶりだった。ハバナに上陸した時は勢力が弱まっていたものの、ハリケーンが過ぎ去った後も街が平時に戻るのに時間を要した。

電気は一週間近く使えなかった。常夏のハバナで停電が続くと厄介だ。電気が復旧するまで冷蔵庫が使えず、冷えた飲み物を購入するのはおろか、食べ物を購入するのにも一苦労だった。30度を超える陽気だというのに、かろうじて購入できる水分は温い飲み物だけだった。暑いのに冷房は使えず、扇風機の風に当たるのも不可能だった。日が暮れた頃にマレコン通りで汗ばんだ身体を冷まそうと思ったが、海岸沿いの歩道は修復工事のために立ち入り禁止になっていた。夜は電灯も使えないので、キャンドルに明かりを灯し過ごしていた。

ただでさえ平時から物資が少ないキューバで、災害後の復旧がどのように進行していくのか心配していた。しかし街を歩き回っていると、私の不安は見事に吹き飛んだ。

1959年のキューバ革命以来、この国は半世紀以上も社会主義体制を維持している。海岸付近の通りでは、すぐに救援物資が住民に配られ始めた。人々はすぐに立ちあがり、物がないなりに利用できるもので補ったりして復旧作業に取り掛かっていた。

報道を通してみる災害後の世界はいつも悲壮感に満ちているが、私が目にしたハバナで暮らす人々は常夏の太陽の下で活き活きと復旧活動に勤しんでいた。

E4
HOSTAL
MONTENEGRO
408

第四章
世界一標高の高い街

ラ・リンコナダの山腹にあるトタンでできたバラック。
鉱山労働者たちが住んでいる。

（上）ラ・リンコナダの中心部。煉瓦造りのレストランや薬局、商店などが並んでいた。
（下）町には金の交換所もあった。看板の「ORO」はスペイン語で黄金の意味。

ペルー南西部のアンデス山脈には、世界一標高の高い街がある。標高5100メートルにある街の名は「La Rinconada（ラ・リンコナダ）」と言い、鉱山の街として知られている。

現地では「無法地帯」として名高いが、一獲千金を求めペルー各地から人々が集ってくる。ペルーの国勢調査によると1981年には3000人にも満たなかった人口が、2007年に2万人を超えたという。人口増加に伴い街は拡張を続けており、山の斜面や麓には、へばりつくようにして掘っ立て小屋が密集している。

ラ・リンコナダに滞在していると、標高5000メートルを超える場所でよく生活しているなと感心してしまう。住民たちは何くわぬ顔で暮らしているが、下界からやってきた私には空気が薄すぎて息が切れ切れになる。街にある勾配のきつい坂を登るのも、休み休み登っていかないと息がもたない。住民たちはそんな私を嘲笑うようにして颯爽と坂を登りきる。慣れなのだろうか。人間の身体は摩訶不思議だ。

坂を登り民家が並ぶ路地を歩いていると、サッカー場が目につく。標高5000メートルを超える場所だというのに、子供達はボールを追いかけて走り回っている。

街は舗装されていない場所が多く、地面は雨や雪が降るとすぐにぬかるんでしまう。街の中心地から外れると、道の脇には分別されていないゴミが放置されていた。

「無法地帯」とされるラ・リンコナダだが、治安について言えば滞在中に危険を感じたことはなかった。せいぜい、日が沈む頃に警官が酔っ払いを警察署に連行していく光景をホテルの窓から何度か目にしたくらいだ。街を歩いていると、鉱夫たちが昼間からチチャを飲んでいた。昼から酒をたしなんでいれば、酔っぱらってもおかしくない。そもそも標高が高いので、酒が回りやすいのだろう。

旅をしているとよくあることだが、この街でも噂や憶測が一人歩きしていたようだ。私が出会ったラ・リンコナダの生活者たちは、異邦人にも気さくに話しかけてくれる人が多く、撮影にも嫌な顔をせずに応じてくれた。

仕事の休憩中、コカの葉を口に含む女性たち。コカの葉は高山病に効くということで、重宝されていた。左の女性はお酒を飲んでいた。

拡張を続けるラ・リンコナダの街。
住居エリアが広がっていっているのがわかる。

街を出て鉱山に向かうと、ゴミが目立つようになる。私が訪れた時は、ラ・リンコナダには焼却炉がなく、ゴミは山に投棄されていた。標高が高いせいか、臭いはない。生ごみを食べるのか、ネズミの姿をやたらと見かけた。

鉱山から見たポトシの街並み。ポトシはボリビアの首都ラパスから南東約450キロに位置する街で、標高は富士山よりも高い約4000メートル。セロ・リコ銀山を含むポトシの鉱山はユネスコの世界遺産に登録されている。

第五章
ボリビア 死の鉱山

セロ・リコ銀山では鉱山の見学ツアーが行われており、実際に稼働中の鉱山内部に入ることができる。鉱山入口に向かって進むツアー参加者。かつてポトシの鉱山では、先住民族の強制労働が行われていた。事故や病気で亡くなった犠牲者の数は推計で約800万人。現在でも崩落事故などで、年間200人の鉱山労働者が命を落としているという。

（上）坑道の入口。足元はしみ出た地下水でぬかるんでいる。天井が低く、屈みながら前進した。
（下）ふもとの村で差し入れのために買っておいたコカの葉を鉱山労働者に配る。

休憩所には、地下世界の神様として祀られているエル・ティオの像があった。像の周囲にはお供え物としてコカの葉、タバコ、酒が置いてある。タバコや酒でエル・ティオの機嫌をとっておくと鉱山事故から守ってくれるのだという。

ゴォーーーーーという地鳴りが真っ暗闇の中から聞こえてきた。はじめは遠くの方で鳴っていたが、何かが迫り来る気配とともに地鳴りは次第に大きくなった。音がする方に視線を向けると、ヘルメットのランプだろうか、遠くでオレンジ色の光が揺れているのが見えた。

「安全な場所に急いで移動して！」

「避難しろ！　早く逃げろー」

誰かの叫び声が前方から聞こえてきた。私たちは後ろを向くと、弾かれたように全力で走り始めた。

一寸先も見えない暗闇の中、頼りになるのはヘルメットのヘッドライトの光しかない。標高４０００メートルを超える高地なので思うように呼吸できない。おまけに地面はぬかるんでおり、足場も悪く、天井も低いので頭をぶつけそうになる。

今すぐにでも足を止めて呼吸を整えたい。しかし、その間にも後方から「走れ！　走れ！」という怒号が響いてくる。

セロ・リコに来るまでは、正直、鉱山内部の環境を甘く見ていた。しかし、暗闇、熱気、ドロドロとした足場、狭い空間、息苦しさ……想像を超えた過酷さに絶望的な気分になった。

セロ・リコについて、説明を加えておこう。

ラ・リンコナダからペルーのプーノに戻った私は、その足でボリビアに入国した。南米の最終地点チリに行く前に、ボリビアでどうしても行っておきたかった場所があったからだ。

その場所というのが、ポトシにある銀山「セロ・リコ」だ。

ボリビア南部のポトシは、世界遺産に認定されている都市で、標高４０９０メートルに位置している。この都市の郊外にはセロ・リコと呼ばれる、スペイン帝国に巨額の富をもたらした銀山がそびえ立っている。ポトシ銀山の歴史は古く、１５４５年に一人のインディオが山で偶然銀鉱を発見したのが始まりと言われている。その話を聞いたスペイン人が銀鉱を確認したことで、ポトシは銀採掘の中心地として発展していくことになった。

前章のラ・リンコナダと同様、富の集まる場所には人が集ってくる。17世紀に入ると、ポトシの人口は15万人を超え、世界で使用される銀の60パーセントがセロ・リコ産で、17世紀半ばまでに世界の銀の約半分がポトシで産出されたといわれる。

この時代の主な働き手は、インディオたちだった。当時は「ミタ」と呼ばれる強制労働の制度があり、インディオたちは鉱山で過酷な強制労働を強いられていたのだ。

セロ・リコでは現在でも銀の採掘が行われている。時代が変わっても、鉱山内部の過酷な労働環境は変わらない。ガイドの話では鉱夫は2日間ろくに睡眠や食事も摂らずに仕事をしているという。彼らの日当は日本円に換算すると約５６０円。ボリビアの物価を考慮しても激務の割に高い賃金ではない。

ひとくちに鉱夫といっても様々なタイプの人がいた。

自分たちの仕事に誇りをもっている者、他に仕事がなくて嫌々ながら働く者……、過去との大きな違いを一点あげるならば、それでも自身で〝選択〟して働いているということだろう。

必死に暗闇の中を走り、ようやく身を隠せるだけの窪みを発見した。壁に持たれてしばらく息を潜める。どうやら危機は去ったらしい。再び奥へと歩みを進めるべく窪みから出ると、すぐ隣を2人がかりでトロッコを押す男たちが駆け抜けていった。

鉱山労働者たちの多くは、食事の代わりにコカの葉を口に含んで働くという。実際に鉱山内部で会った労働者たちの顔を見ると、まるでリスが木の実を口に入れた時のように頬が膨らんでいた。コカの葉はボリビアではポピュラーな嗜好品で、頬に溜めて少しずつ噛む。恐怖心を和らげたり、疲労感や眠気、空腹を紛らわせる効果があるという。

掘り出した鉱石をトロッコで運ぶ。鉱石に含まれる銀はわずか5%ほど。
鉱山内部でトロッコを押してみたが、私一人では微動だにしなかった。

第六章
ジョージア
巨大廃墟に住む人々

ホテルの渡り廊下は、静けさが漂う異質な空間だった。廊下を突き抜けてロビーに到着すると、もぬけの殻だった。

ジョージア第2の都市クタイシの郊外には、ソビエト連邦時代に繁栄していたリゾート地がある。クタイシの北西部に位置するツカルトゥボ（Tskaltubo）という小さな街がそれだ。街にはホテルが10軒ほど点在しているが、現在は街に来る観光客はめっきり減ってしまい、ホテルは廃墟として放置されている。

私はホテルの廃墟写真を撮るために、この街を訪れた。観光地だったとは思えないほど寂しい街で、通りを歩いても人の姿を目にすることはあまりない。クタイシから乗ってきたマルシュルートカ（乗り合いタクシー）は、満席だったものの乗客は地元民だけだった。ソビエト連邦時代に造られたと思しき広い道幅の道路は交通量が少なく、車に代わって群れをなした野犬が走り回っていた。

お目当ての1軒目のホテルに到着すると、ホテルの周りにはゲートが立てられており敷地内に入ることができなかった。入口にいた警備員に写真を撮りたいことを伝えたが、「ホテル内は立ち入り禁止だ」とあっけなく断られてしまった。

別のホテルを探すために道路に沿って15分ほど歩いていると、街外れまで来てしまった。引き返そうと辺りを見回していると、遠目に巨大なホテルが2棟そびえているのが目についた。

この街にあるホテルは廃業しているはずだが、上層部のバルコニーには洗濯物がはためいており、その近くにはTVの丸いアンテナが設置されている。どうやら廃墟に住んでいる者がいるらしい。気になったので私はホテルに行ってみることにした。

ホテルへと続く坂道を歩いていると、路駐している車が並んでいる。5メートルまで迫ったホテルを眺めると、低層部は廃

ホテルの周りにフェンスが設置されていた。元は立派なホテルだったが、客足が遠のいてから長い月日が経過した。

墟になっているが、上層部の部屋では、やはり人が生活しているようだ。ホテルの前に到着し、窓越しに内部の様子を窺っていると、「オーイ！」という声が聞こえてきた。声のした方へ視線を向けると、10メートルほど先に男たちが5人おり、その中の一人が手招きしている。彼らの元へ行くと、一番若そうな男が英語で尋ねてきた。

「あんた、どこから来たんだ？」

日本からだと答えると、「ヤポンスキー（日本人の蔑称）か！」と声を荒げた。私が警戒する素振りを見せると、男は叱られたイタズラっ子のように表情を崩した。

「冗談だよ。こっちに来て、一緒にチャチャ飲まないか？」

「チャチャってなんだ？」

「ウォッカだよ」と男は答えた。

コップにチャチャを注いでもらい一気に飲み干す。強烈なアルコール臭にむせ返りそうになった。

コップを机に置くと、男は「どうだ？」と聞いてきた。周りの男たちは全員ニヤニヤした表情で私を見つめている。

「ウォッカにしては、ずいぶんアルコール度数が高いな」

「このチャチャは、お手製なんだ。うまいだろ？」

旅をしていると密造酒を目にする機会がある。ときには今回のように気の良い現地人に勧められることもあるが、飲まない方がいいだろう。世界では密造酒を飲んで死亡する事件が相次いでおり、少量でも深刻な後遺症をもたらすこともあるからだ。

飲んだのは密造酒だったのか……。私は男たちに礼を言うと、重い足取りでホテルに足を踏み入れた。

別の建物から見たホテル廃墟の全貌。ソビエト連邦時代にスパ・リゾートとして人気を博していた街だけあって、自然が豊かで長閑な風景が広がっている。

同建築内部。今にも崩れ落ちそうな老朽化した階段を上っていくと、コンクリートから雑草が生い茂る広い踊り場に出る。さらに上の階へと上っていくと、住民が生活しているフロアの廊下が現れる。旧客室の扉には住民自ら用意した鍵が取り付けられている。廃墟内には人間慣れした犬が駆けずり回っていた。写真の犬の後をついていくと別の廃墟に到着した。

ホテルの廃墟の踊り場を歩いていると、住民の洗濯物が干してあった。よく見ると子どもの服もある。廃墟内をふらついていると、ここで生活しているという男と出会った。彼の案内に従い屋上へ向かい、辺りをぐるっと360度見回した。リゾート地として開発された街だけあって、安らぎを与えてくれる長閑な風景だった。ここでは密造酒は当たり前に造られているようで、ウォッカを造るための蒸留装置（81ページ上から３番目の写真）も見せてくれた。

森林が生い茂る公園内にある円盤型の施設。ソビエト連邦時代は浴場として利用されていた。

第七章
チェルノブイリ立入禁止区域の向こう側

ブリピャチの中心地にあるポリーシャ・ホテル。
現在はホテルの[illegible]部に入ることは禁止されている。

ポリーシャ・ホテルの客室から見た景色。右側はエネルゲティック文化会館で、プール、劇場、図書館などが入っている。左側の２階立ての建物はスーパーマーケット。奥に見える建物は、プリピャチの住民が住んでいた団地である。

1986年4月26日午前1時23分40秒。旧ウクライナ・ソビエト社会主義共和国のチェルノブイリ原子力発電所で爆発が起こった。事故が起きたのは深夜で、チェルノブイリや近隣の街プリピャチの住民たちは何事もなく生活を送っていたという。

だが、事故の発生から36時間が経過した頃に、事態は急展開を迎えた。ことの重大さに気づいた当局が住民たちの避難を開始、キエフから寄集したバスや船などに分乗し、街を後にした。住民たちは数日もすれば帰宅できるだろうと考えていた。だが、プリピャチは事故以来30年以上も無人の状態が続いている。

当時の映像や写真などをもとに制作されたドキュメンタリー番組の上映が終わったので、私は外の景色に目を向けた。バスは両脇を森に囲まれた片側一車線の道を走っていた。やがて車窓の風景は、草原が広がる長閑な景色に変わった。ウクライナの首都キエフを出発して2時間半。現在地を確認しようと地図を開くと、車はチェルノブイリ近郊まで迫っていた。

「車から降りてください。これからゲートを抜けて立入禁止区域に入ります」

運転手の男の言葉に従い、バスを降りて立入禁止区域に入るための手続き所に向かった。

ここから先の立入禁止区域、「プリピャチ」に入るには滞在許可が必要である。身分証明書（外国人はパスポート）を提出し、事前にツアー会社を通して送った個人情報と一致しなければ先に進むことはできない。軍服を着た男が私の個人情報を念入りにチェックしている。ゲートを抜けるには少しばかり時間がかかりそうだ。

周辺を見回すと小さなお土産屋が目に留まった。原子力発電所の写真が印刷されたマグカップや、ステッカー、ポスター、葉書、ガスマスクなどが陳列されている。

以前、チェルノブイリを訪れた時、案内人の男がこんなことを言っていたのを思い出した。

「チェルノブイリも時代とともに変わってきたんだ。1990年代は、チェルノブイリに来る人はほとんどがジャーナリストだった。だが、2000年代に入ると、チェルノブイリを題材にしたゲームや、プリピャチの廃墟の写真集を見た若者が来るようになった。訪問者は年々増加して、今年は5万人を超える勢いだ。事故から30年以上が経過した現在では、チェルノブイリはウクライナを代表する観光地なんだ」

プリピャチは1970年2月4日に建設が始まった計画都市だ。チェルノブイリ原子力発電所から約3キロのところにあり、事故当時は発電所に勤務する職員やその家族を中心に約5万人が暮らしていた。集合住宅、学校、警察署、病院、スーパーマーケット、遊園地、別荘、プール、文化館などが当時の姿のまま残っている。だが、近年になりそれらの廃墟群は老朽化、一部建造物が崩落したため、ウクライナ政府が建造物の内部に入ることを禁止するようになった。一般的に鉄筋コンクリート造の建造物の耐用年数は47年とされるが、崩落が起きていることを考えるとプリピャチの廃墟群がより早く消滅する可能性もある。私は今の姿を記録しておくため、プリピャチを訪れたのだ。

そうこうするうちに準備が整った。

私はゲートを抜けて立入禁止区域に足を踏み入れた。

プリピャチの小学校。外部の外壁が崩れ落ちたのをきっかけに、
ウクライナ政府はプリピャチの建物内に入ることを禁止した。

森の中に設置されているドゥーガ１。OTH レーダーと呼ばれる、水平線以遠を観測するレーダーシステムである。ドゥーガ１は巨大なアンテナで、長さ700メートル、高さ150メートルを誇る。あまりにも巨大なため、近くからではその全てを見ることができなかった。ドゥーガ１が稼働していた時代には、ミサイル防衛の早期警戒レーダーとして使用されていた。

ЩП-19

ドゥーガ1に隣接している建物の内部。

学校内で放置されていた無数のガスマスク。建物の内部は誰かが撮影のために調度品をセッティングしたまま放置していたり、手つかずのまま残っていたりと、室内の環境は様々だった。

チェルノブイリを発ちキエフ市内に戻ってくると、都市の中を行き交う人々に目を奪われる。歩行する住民、走行する乗用車やバイク、バス、トラック……。どこの都市でも目にするありふれた日常的な光景に、何故だかほっとする。

私は同時に、なぜ無人の街と化したプリピャチに惹かれるのだろうと考えていた。プリピャチを歩くと異国の地にいながら、不思議な懐かしさを感じた。21世紀に入り20年以上が経過すると、20世紀に製造された物は間断なく街から姿を消していき、次々と新しい物に取って代わっていく。だが、プリピャチは1986年で時間が静止していた。街には住民の姿こそないが、80年代の生活の面影が残っていた。私はその街並みにノスタルジックな感情を覚えた。いまとなっては、この場所でしか目にできない風景に親しみを感じずにはいられなかったのだ。

ウクライナを訪問して数年が経った頃、チェルノブイリに関する新たな情報が飛び込んできた。2022年2月24日、ロシアのウクライナ侵攻が始まった。同日、ウクライナ政府はロシア軍がチェルノブイリ原子力発電所を占拠したと発表した。

占拠は一時的なものだったが、ロシア侵攻が過熱するとウクライナ報道に変化が起きる。〝キエフ〟など、それまで一般的にロシア語読みされていたウクライナの都市名を、〝キーウ〟のようにウクライナ語表記に改めるようになったのだ。「チェルノブイリ」もウクライナ語の呼称「チョルノービリ」になった。だが、この章ではあえてロシア語読みを使用した。私がチェルノブイリを訪問したのはロシアによるウクライナ侵攻前で、当時はその呼称は使用されていなかったからである。

ОЛИМПИИСКОИ

木材のフローリングは木が腐っており、床が抜け落ちている箇所が目立った。この先、遺棄された街はますます老朽化が進んでいく。事故から33年の歳月が経過したプリピャチの印象は、樹木に囲まれた自然が豊かな街に変貌を遂げていた。

生贄を捧げる前にお供え物を準備する男性。マリーゴールド、お米、バナナ、ココナッツなどが容器に入っている。

ダサイン

第八章
ネパールの生贄祭り

「ドサッ」と何かが地面に崩れ落ちる音で目を覚ました。外では鳥が鳴いているが、まだ活動するには早い時間帯。騒々しい普段のタメル（ネパール・カトマンズの安宿街）とは違い、人の気配を感じない静かな朝だった。窓の外を覗くと昨日まで電柱に繋がれていた大きな水牛の姿がない。いったいどこに消えたのかと気になり、ホテルを出て探しに行ってみることにした。

部屋の窓から外を覗いた時は気がつかなかったが、電柱付近の地面は黒っぽい血で濡れており、血飛沫が辺り一面に飛び散っている。血の臭いの他に生臭い獣の匂いも立ち込めており、地面に落ちている肉片に数匹の野良犬たちがむしゃぶりついていた。電線の上では黒いカラスがじっと地面に散乱している肉片を睨んでいる。

ホテルに引き返そうと歩いていると、「ドンドン、ドンドン」と何かを叩く鈍い音が聞こえてきた。音がする方に視線を向けると、家のガレージの中で包丁を振りかざし水牛を解体している男がいた。

その水牛は、昨日までここに繋がれていた牛だろうか。尋ねると、男は刃物を振り下ろすのを止めて、「そうだ」と短く教えてくれた。

解体されていく水牛をしばらく眺めて部屋に戻った。

ロビーのソファーで寛いでいると、日本語が達者なオーナーがやってきた。

「今日はヒンドゥー教の祭り、ダサインの8日目です。カトマンズではダサインの8日目に、ダルバール広場で水牛や山羊を女神ドゥルガーに捧げる儀式を行います。生贄として捧げた動物たちを食べることで、身体に溜まったケガレを流し浄化するんです」

私がダルバール広場まで見学しに行くと言うと、オーナーはガイドを紹介してくれた。

ダルバール広場に到着すると人だかりができていた。広場の中央には、すでに生贄になった水牛、山羊、豚の生首がフルーツとともに供えられていた。「シバ・パルバティ寺院の前でも生贄が行われる」と案内人が呟いたので、ダルバール広場内にある寺院に移動した。

寺の横には小さな雄の水牛がいる。水牛は呑気に地面に鼻をこすりつけて、食べ物はないか探している。そうするうちにも生贄の準備は着々と進んでいった。

はじめに額にティカ（祝いの印）を塗った3頭の山羊が紐に繋がれやってきた。そこにひとりの男が現れ、地面に米やバナナ、マリーゴールドを撒き、山羊の口元に手をやりエサを食べさせる。それが終わると、男は跪いて祈り始めた。

山羊の傍には胴体を押さえる男と山羊の首に巻いた紐を持つ男がいる。祈りが終わると、男が鉈を持って山羊の横に立った。そして鉈を頭上に掲げ、一気に振り下ろした。一瞬の出来事だった。次の瞬間には山羊の首と胴体が二つに分かれていた。

切断された直後の胴体はピクピクと痙攣を起こしながら地面でもがいている。切断された頭部は、まだ意識があるのか苦しそうに呻き声をあげていた。男は山羊の胴体を持つと円を描くように歩いた。地面には小さな血の円ができていた。

そしてまた、次の生贄が始まった。

（左）山羊の食事が終わると、すぐに儀式が始まる。下に敷いた木材は、鉈を振りかざした時に歯止めの効果がある。首に巻きつけてある縄は、首を切断した後に胴体から切り離す役割をもっている。

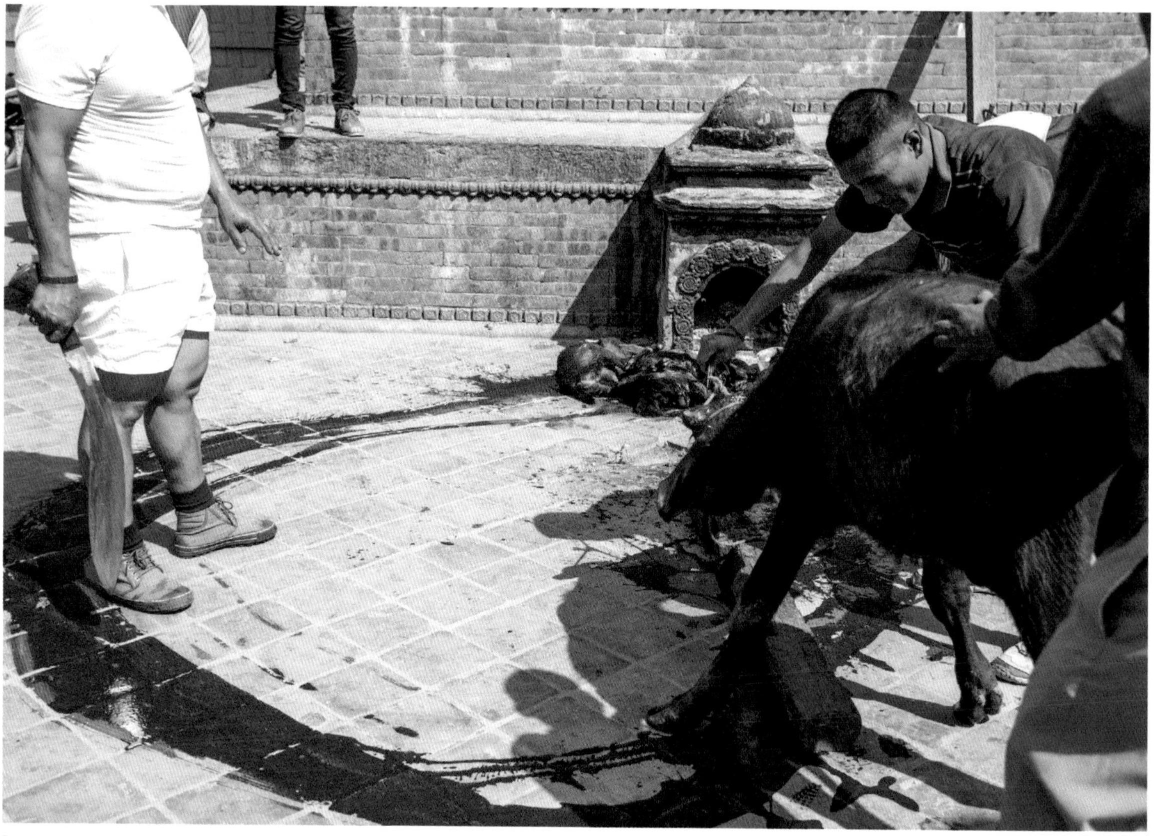

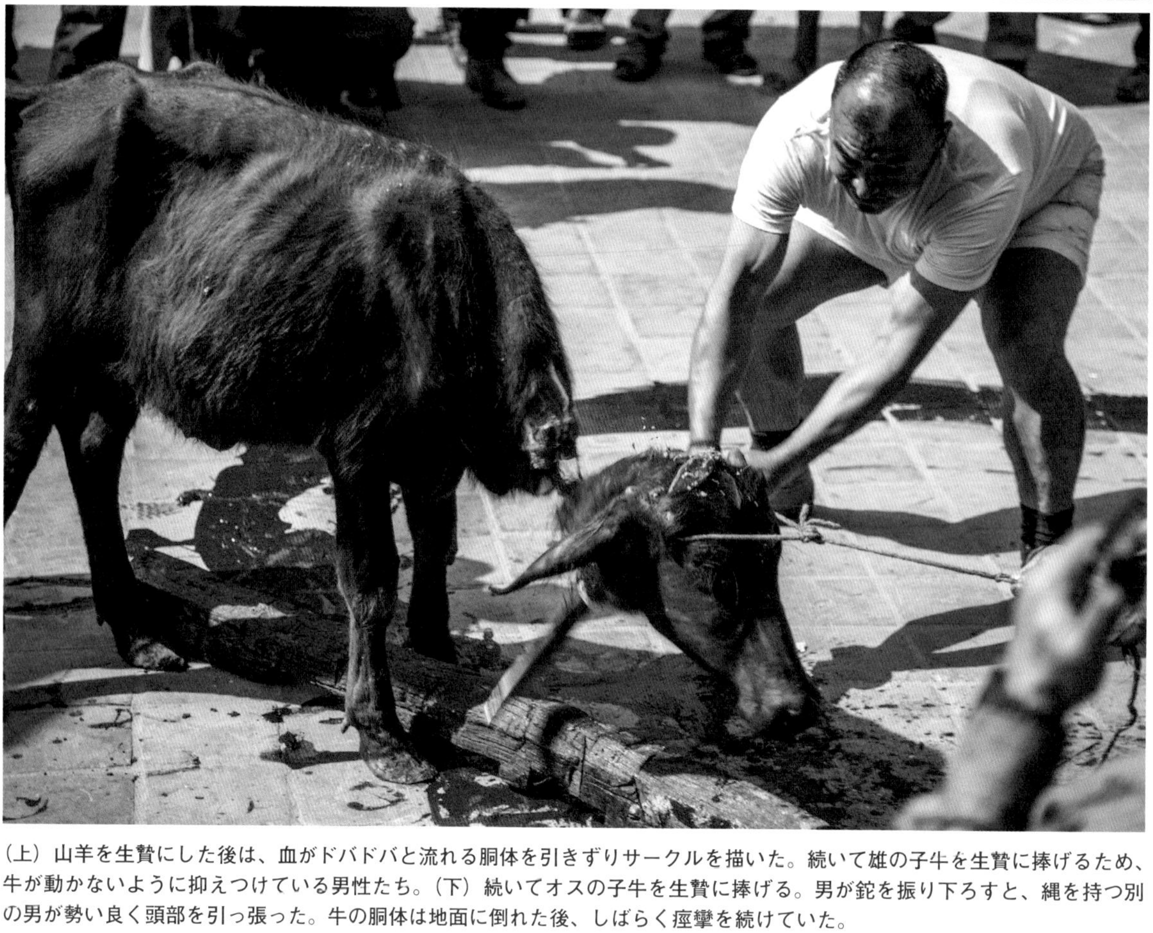

（上）山羊を生贄にした後は、血がドバドバと流れる胴体を引きずりサークルを描いた。続いて雄の子牛を生贄に捧げるため、牛が動かないように抑えつけている男性たち。（下）続いてオスの子牛を生贄に捧げる。男が鉈を振り下ろすと、縄を持つ別の男が勢い良く頭部を引っ張った。牛の胴体は地面に倒れた後、しばらく痙攣を続けていた。

ダサインとは善が悪に勝ったことを祝う祭りで、８日目に女神ドゥルガーに動物の血を捧げるため、ネパール各地で生贄の儀式が行われる。生贄になった動物の肉は調理されて供される。食べると穢れを祓う効果があるという。

ガディマイ祭り

動物の首から飛び散る血飛沫、胴体から身体の一部が離れて苦しそうに目を瞬く表情……。ダサインで生贄を目にして以来、儀式の過程が何度も何度も蘇った。

命とは何か。そんな答えを見出すことができない難題について思いを巡らす日々の中で、ある話が飛び込んできた。

２０１９年12月初旬。ネパール南部の村でガディマイ祭りが開催されるというのだ。

ガディマイ祭りとはヒンドゥー教の祭りで、バリヤルプルにあるガディマイ寺院で5年に一度開催されるネパール、いや、世界最大規模の〝生贄祭り〟だ。この祭りの歴史は古く、２００年以上前から開催されてきたという話もあるが、資料が残っているわけではないので定かではない。

いったいどれほどの生贄が捧げられるのか。２００９年のガディマイ祭りでは、約25万頭の動物が生贄になった。２０１４年の祭りは、インドが動物の輸出を禁止したためにその数は減ったが、3万から20万頭の動物が殺害された。

祭りの様子はメディアを通して広まったことで、動物愛護団体が反対運動を行うなど、祭りに対する世界的な圧力が強まってきた。その圧力を受けて、２０１５年7月にネパールの寺院が今後開催されるガディマイ祭りでは動物の生贄を禁止する意向を発表した。２０１９年のガディマイ祭りはその騒動以来、初めて開催されるものになる。

はたして、２０１９年のガディマイ祭りは生贄のない歴史的な祭りになるだろうか。私はその瞬間を撮影するためにカメラを携えて現地に向かった。

(上) 祭りが行われるガディマイ村は、ネパールとインドの国境付近にある小さな村で、隣国のインドからも祭りに参加するために多くの人がやってくる。、彼らはテントなどを建てて滞在し、穢れを払うために生贄となった動物を調理して食べる。
(左上) 会場に集まってきた人々。(左上から二番目) 生贄は禁止されているはずだが、様々な動物が会場に持ち込まれる。
(左上から三番目) ガディマイ村の付近の街にあった生贄禁止の掲示物。
(左下) 祭りの参加者たち。多い年には500万人もの人々が参加するともいわれる。

2
कृपया सोचें --------
क्या आप जीने के लिए खाते हो ?
या खाने के लिए जीते हो?
इसलिए खाने में विवेक रखें
क्या खायें और क्या न खायें ।
जिंदे जानवरों को मारकर ना
खायें और ना ही उन्हें मौत के घाट उतारें।
शाकाहारी बनें। अन्नआहारी बनें।
शाकाहार जीवन
बिना
मोक्ष असंभव है।
समस्त महाजन
www.samastmahajan.org

（上）生贄の山羊を引く女性。価格が手ごろな山羊はポピュラーな生贄で、会場では多くの山羊を見掛けた。
（下）水牛を連れた家族。生贄の水牛は高いものだと10万ネパールルピー（日本円で約10万円）以上もする。ネパールの平均月収は２万円程度とされているので、かなりの高級品だ。　（左）鉈を持った男性。

生贄の儀式は、ガディマイ寺院に隣接する広場や畑などで行われる。参加者たちは自ら、連れてきた生贄の命を奪う。

生贄に選ばれる動物は、山羊がもっとも多く、水牛や豚などもいる。珍しいところでは下写真の鳥も見掛けた。

生贄となった動物を持ち帰る祭りの参加者たち。亡骸は左写真のように皮をはぎ、内臓を処理して調理される。

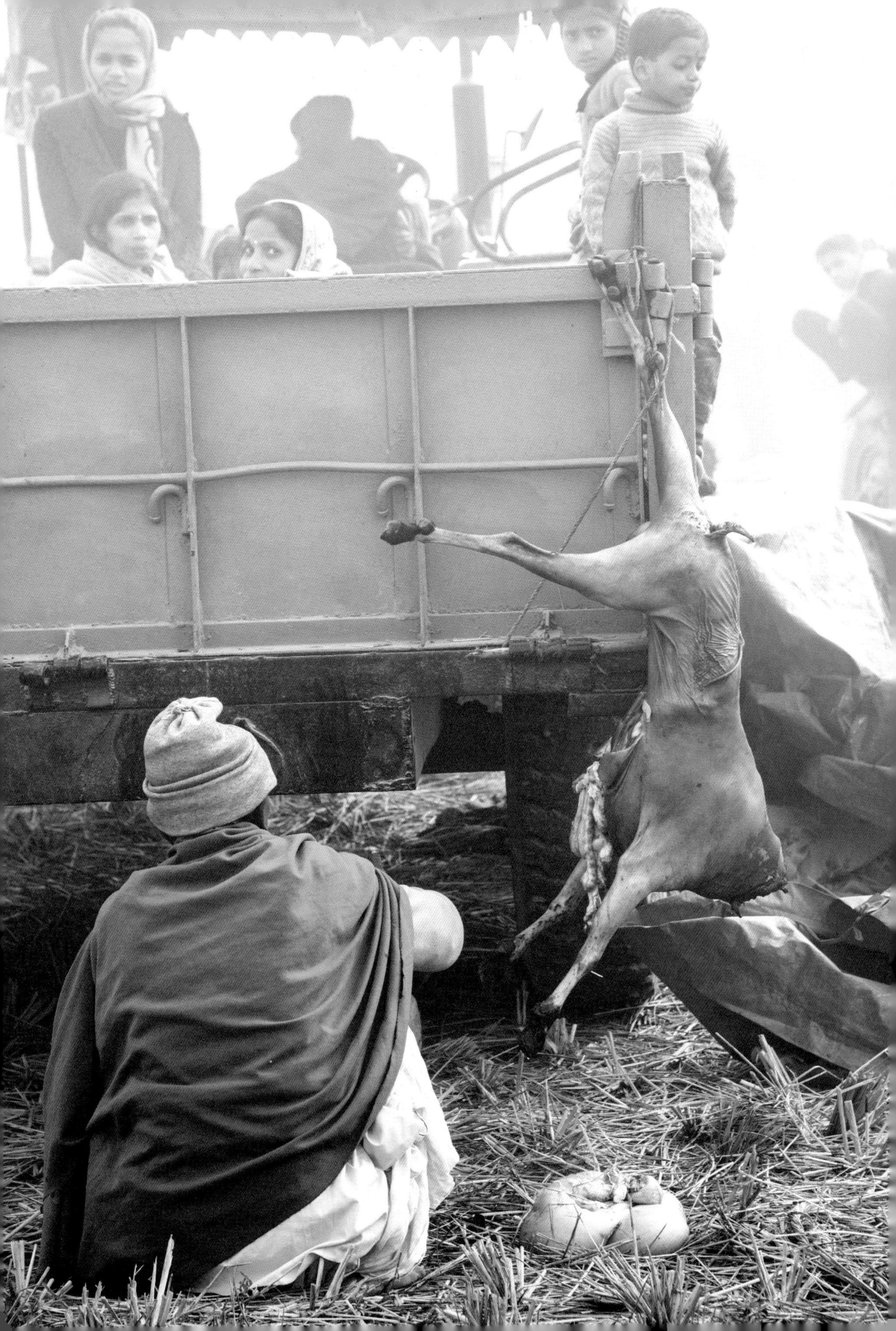

第九章
ロックダウンのインド・デリー

TM
hour
Coca-Cola
MOHAN
GENERAL STORE
M. 9818262698
TO-LET
1 ROOM AND
2 ROOM SET

2020年3月9日から10日にかけて開催されたホーリー祭（写真はインド北部の聖地ブリンダバンで行われたホーリー祭）。祭りでは人々が色のついた粉や水を掛け合うなどして祝う。

２０２０年2月下旬。インドで行われるヒンドゥー教の祝祭ホーリー祭に参加するため、インド北部にあるヒンドゥー教の聖地「ブリンダバン」を訪問していた。祭りは何事もなく終わったが、翌日の3月11日に不測の事態に直面することになる。あの日の驚愕は、しばらく忘れることはできないだろう。

２０２０年3月11日。世界保健機関（ＷＨＯ）は世界的な感染拡大の状況から、新型コロナウイルス感染症を「パンデミックとみなせる」と表明した。その2週間後、インドは他国に先駆け、ロックダウンを実施することになった。

突然のロックダウン宣言でインド国内には大混乱が生じ、海外はおろか国内を移動することも困難になった。私は帰国する機会を失った。未知のウイルスが蔓延する異国での生活は想定外の連続だ。初めて経験するロックダウンに戸惑い、先の見通しが立たないインドの感染状況に不安な日々を過ごしていた。

だが、始まりがあれば、終わりがある。長きに渡る第一波がようやく収束すると、インドは平時に戻り始めた。ようやく帰国の目処が立つと思ったが、平穏な日々は一瞬にして崩れ去る。

２０２０年の暮れにインド東部の西ベンガル州で変異株が確認されると、２０２１年に入りマハラシュトラ州の一部でロックダウンが決行されることになった。そうこうしているうちに、インド国内では感染爆発が起こり、１日の感染者は40万人を超え、死者は連日４０００人を上回った。デリーでも再び制限された生活が始まったが、病院では病床が不足し、火葬場では死者の火葬が追いつかない状況に陥った。そんな歴史的騒動の中で、人は何を想い、何を感じながら生活をしていたのだろうか。

GUEST
HOUSE

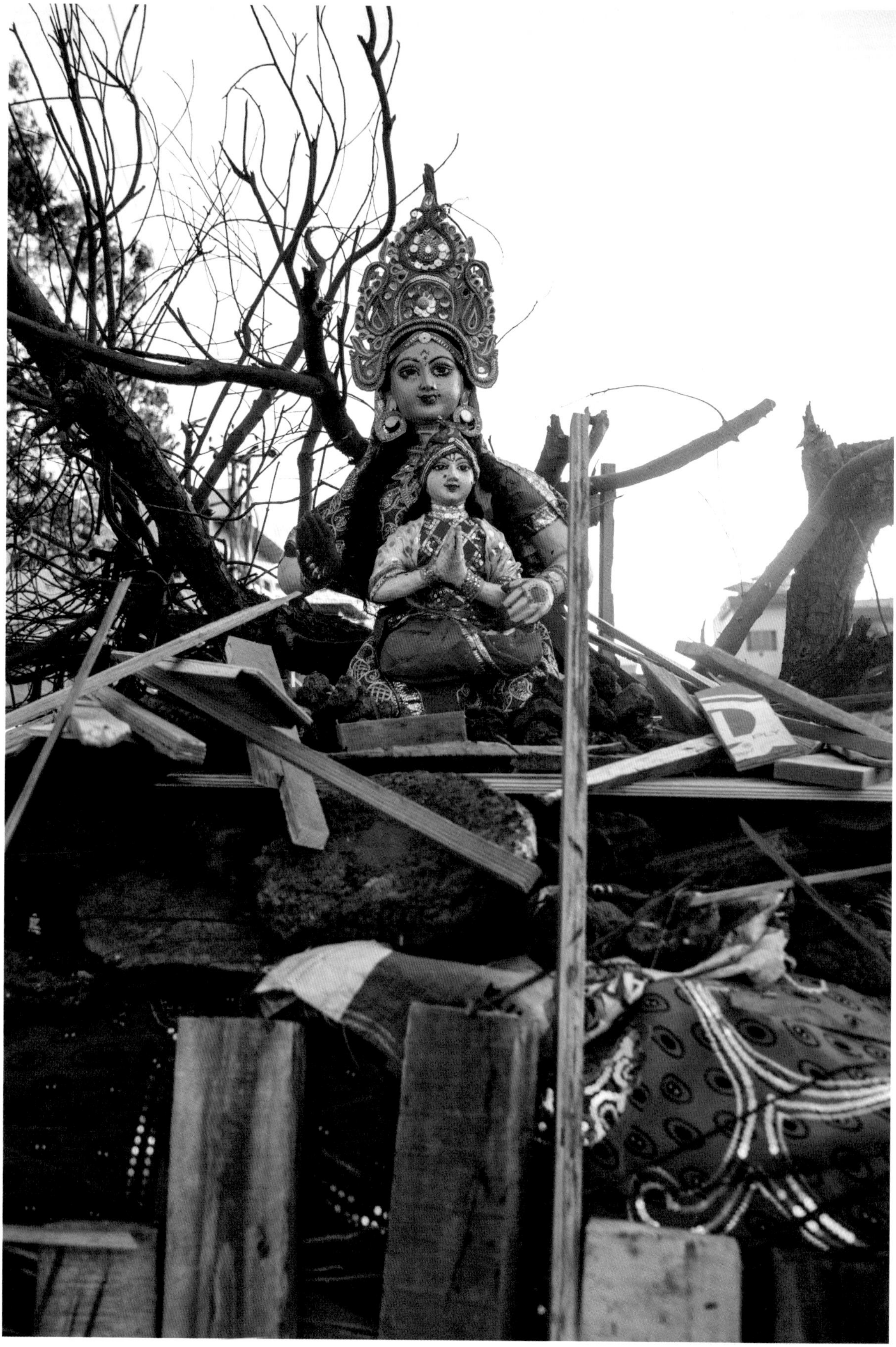

祭りの期間中、街ではいたるところでヒンディー教の神像がまつられている。

祭りの初日の夜には、道端でホーリカー・ダーハという焚き火をして悪霊を焼き幸福を祈願する。

SETH BROTHERS
(DENTAL DEPOT)
CHANDNI CHOWK, DELHI-110006

ロックダウン中は不必要な外出は禁止されていたので、人影がないのを利用して様々な場所で道路工事が行われていた。

CORONA VIRUS
कोरोना वायरस से न घबरायें
सावधानी के साथ इलाज करायें
चीन के वुहान क्षेत्र में नया रोग "कोरोना वायरस" पाया गया है जो कई देशों में फैल चुका है
01 जनवरी 2020 से कोरोना वायरस प्रभावित क्षेत्र चीन देश से आने वाले यात्रियों में
अथवा कोरोना वायरस रोगी के सम्पर्क में आने से इस रोग की सम्भावना रहती है।
"कोरोना वायरस के लक्षण"
सांस लेने में तकलीफ
सर्दी जुकाम
खांसी
नाक का लगातार बहना
सिर दर्द एवं बदन दर्द
अंगों का निष्क्रिय होना
"कोरोना वायरस से बचाव"
अपने हाथ साबुन और पानी या एल्कोहल युक्त हैण्ड रब से साफ करें।
खांसते और छींकते वक्त अपनी नाक और मुंह को टिश्यू या मुड़ी हुई कोहनी से ढ़कें।
जिन्हें सर्दी या फ्लू जैसे लक्षण हो, उनके साथ करीबी सम्पर्क बनाने से बचें।
मीट खाने से बचें और कच्चा या अध पका मीट बिल्कुल भी ना खायें।
जानवरों के सम्पर्क में कम आयें।
लक्षण पाये जाने पर लापरवाही न बरतें तुरंत नजदीकी राजकीय चिकित्सालय में सम्पर्क करें
चिकित्सा, स्वास्थ्य एवं परिवार कल्याण विभाग, जैसलमेर

HOTEL CLOSED
DUE TO COVID-19
UNTILL FURTHER ORDER

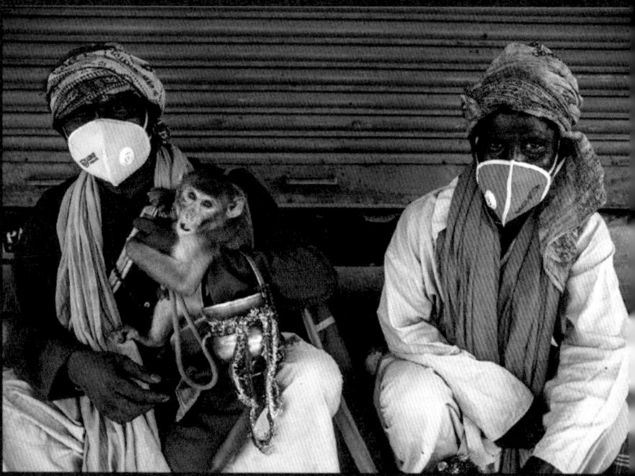

AK

LOCK DOWN
7oo To 11oo AM
5oo To 7oo PM

STAY
HOME
CENTRAL DISTRICT
DELHI POLICE

上はロックダウン以前に訪問したジャーマー・マスジドの入り口。下はロックダウンが緩和されてから訪問したジャーマー・マスジドの入り口。モスク付近は人混みで歩くのも困難だったが、ロックダウンが緩和した後に訪れると閑散としていた。

ジャーマー・マスジドは、オールドデリーにあるインド最大級のモスクである。中庭は約2万5000人が礼拝できる広さで、イスラム教の祭りイード・アル＝アドハーが開催されると多くの礼拝者がモスクを訪れる。

ロックダウンが緩和された後に訪問したデリー市内のスラム。男はスラムの様子を見下ろしている。彼の視線の先には目を疑う光景が広がっていた。

TATA

スラムで生活する人々。スラム内はバラックが密集しており、街とスラムを仕切る水路には分別されていないゴミが放置されていた。生活環境は劣悪だが、スラム内で出会った人々はエネルギッシュで生き生きとしていた。

インドでは、大気汚染が深刻な問題となっている。スモッグが酷い時は、5メートル先ですら灰色の靄で見えなかった。デリー滞在中に大気汚染に見舞われたが、深夜から朝にかけて汚染されることが多かった。世界保健機関（WHO）の報告書では、世界では毎年700万人が大気汚染の影響で死亡している。

RAMHAN

HOTEL
RAMHAN
BAR
BAR & RESTAURANT

デリーの火葬場「ニガムボドガート」。ヤムナー川の岸辺では感染者の遺体が火葬されていた。

おわりに

異国の地で常識を覆す数々の出来事を目の当たりにすると、ある思いが浮かび上がってきた。

これまで抱いていた物事に対する印象は、様々な媒体を通して得た情報や、多種多彩な人々から聞きかじった話を元にして、自分の中で勝手にイメージを作り上げていたに過ぎないのではないか、ということだ。

人は誰しも、これまでの生活で自然と身についた物事を測る尺度を持っている。言葉を換えれば、それは「先入観」と呼べるかもしれない。

旅には様々な良い面があるが、そのひとつは「先入観」をボロボロに壊してくれるということだろう。

旅をしていると、自分の常識が通じない世界があることを、否応なしに実感させられる。

「こうあるべきだ」

「きっとこうしてくれるだろう」

そうした願いは、もろくも裏切られる。思いもしない相手の行動に、深く傷つけられることもあるだろう。

だが、染みついた先入観を捨て去ることができた時、世界は俄かに変わって見えてくる。私は旅を通じて、ほんのわずかではあるが、物事の本質というものが見えるようになった気がした。

世界の変境を旅する。

〝常識の外の世界〟は、自分が持つ常識の狭さを教えてくれる。知らないということを自覚するきっかけを与えてくれる。

変境は異国にのみ存在するわけではない。

普段は素通りしてしまう路地、いつもは目を留めない場所、そんな身近なところにも広がっている可能性がある。

本書がそれぞれの〝変境〟を見出すきっかけになれば幸いだ。

２０２２年８月　著者記す

【著者紹介】

フリオ・アシタカ

ライター＆フォトグラファー。アメリカで高校認定資格を取得後、コミュニティーカレッジを経て、サンフランシスコの美術大学で写真の学位を取得。卒業後、レンタカーを借りてアメリカを横断。その後、2016年11月から中南米旅行に旅立つ。2019年10月にはイギリスのCarpet Bombing Culture社より写真集『Colossus. Street Art Europe』を出版。現在も東南アジアやヨーロッパを旅しながら写真を撮り続けている。著書に『神秘の幻覚植物体験記～中南米サイケデリック紀行～』（彩図社）がある。

世《せ》界《かい》変《へん》境《きょう》紀《き》行《こう》～Crazy World Report～

2022年9月20日　第1刷

著　者　フリオ・アシタカ

発行人　山田有司

発行所　株式会社　彩図社

東京都豊島区南大塚3-24-4

MTビル　〒170-0005

TEL:03-5985-8213　FAX:03-5985-8224

印刷所　シナノ印刷株式会社

URL　https://www.saiz.co.jp

Twitter　https://twitter.com/saiz_sha

ISBN978-4-8013-0622-6 C0026